Aprueba la certificación ITIL® Fundamentos V3

FERNANDO CUERVO

DEDICATORIA

A mi esposa, quien siempre me apoya en los proyectos que decido emprender sin importar que tan descabellados sean.

CONTENIDO

RECONOCIMIENTOS

Quiero agradecer a mis estudiantes alrededor del mundo, quien a través de los cursos en línea han podido crecer en su carrera profesional y también enseñarme y retarme todo el tiempo para brindarles cada día mejor contenido.

1 INTRODUCCIÓN

Bienvenido a este libro el cual le permitirá adquirir los conocimientos necesarios para aprobar la certificación ITIL® Fundamentos. Esta certificación es una de las más valoradas en las empresas porque asegura que una persona conoce el proceso de ciclo de vida del servicio.

ITIL® es un conjunto de publicaciones de las mejores prácticas para la gestión de servicios de TI y la certificación a la cual usted está aspirando es la base para poder hacer certificaciones intermedias y avanzadas.

Para ayudar con este objetivo hemos compilado los conceptos básicos explicados de manera clara para facilitar el entendimiento de los conocimientos, de manera adicional incluimos simuladores del examen para que se pueda familiarizar con las preguntas.

La metodología que vamos a utilizar es dar los conceptos necesarios y trucos para que pueda aprobar la certificación en su primer intento. Le recomendamos que si tiene la versión en papel de este libro tome notas y subraye lo que sea necesario y si usa la versión en Kindle tome notas de lo directamente en su dispositivo, en el siguiente manual se detalla cómo lo pueden realizar:

https://www.amazon.com/gp/help/customer/display.html?nodeId=20124 1990

2 ¿QUE ES ITIL?

ITIL® V3 es un conjunto de buenas prácticas y sus siglas hacen referencia a **Information Technology Infraestructure Library**. El objetivo de estas buenas prácticas es dar una guía de calidad para la prestación de servicios de TI, también proporciona procesos, funciones y roles para poder aplicarlo de manera correcta.

ITIL® es ampliamente adoptado por varias razones, entre ellas:

- Entregar valor al cliente a través de servicios
- Integrar la estrategia del servicio con la estrategia del servicio y las necesidades de los clientes.
- Medir, monitorear y optimizar servicios de TI y el desempeño del proveedor de servicios.
- Gestionar la inversión y presupuesto destinado a TI.
- Gestionar el riesgo y el conocimiento.
- Gestionar las competencias y recursos para entregar servicios efectivos.
- Permitir la adopción de un enfoque estándar para gestionar el servicio.
- Mejorar la interacción con clientes.
- Optimizar y reducir costos.

ITIL®   se centra en el ciclo de vida del servicio dividiéndolo en 5 fases:

- Estrategia del servicio
- Diseño del servicio
- Transición del servicio
- Operación del servicio
- Mejora continua del servicio

Veremos estas fases con detalle a lo largo del libro lo cual nos permitirá entender las diferentes funciones, procesos y roles asociados a cada uno de ellos.

3 EXAMEN DE CERTIFICACIÓN

El examen de certificación consisten en 40 preguntas de opción múltiple en la que se preguntara únicamente teoría de ITIL®. Para aprobar la certificación se deben contestar de manera correcta 26 preguntas que corresponde al 65%.

Para responder a estas preguntas se dispone de 60 minutos y se puede presentar tanto en línea como en un ente certificador en su país. Al momento de escribir estas líneas el ente certificador autorizado es PeopleCert® (www.peoplecert.org) y en este se puede comprar directamente el voucher para presentar el examen.

Tips para presentar la certificación:
- **La práctica hace al maestro**: No se desanime si no sacas un buen puntaje la primera vez que presentes el simulador. Repase y vuelve a repetir el examen las veces que sea necesario antes de enfrentar la certificación.
- **Lea detenidamente**: Muchas de las preguntas del examen de ITIL pueden ser confusas, lea detenidamente para asegurarse que entiende bien lo que le están pidiendo responder, coloque especial atención si hay mayúsculas o negrillas.
- **Piense en ITIL, no en su empresa**: Es posible que en su empresa ya tengan ITIL y crea saber algunos de estos conceptos porque has visto como lo aplican en su empresa, cuando responda deje esto a un lado, ya que lo que se le pide responder específicamente es lo que dice la literatura de ITIL. Su empresa puede tenerlo implementado de una manera que para propósitos del examen NO es correcta.
- **Controle el tiempo**: Tiene minuto y medio para responder cada pregunta lo cual es tiempo más que suficiente, no se apresure.
- **Elimine las opciones que sabe que son incorrectas**: Esto facilita saber cuál es la respuesta correcta.
- **Buscar respuestas en otras preguntas**: Es posible que otra pregunta tenga la respuesta que usted está buscando o de la cual no está seguro.
- **SLA**: Siempre se debe cumplir con lo acordado en el SLA.

- **Buscar y subrayar palabras como:**
    - Cambio Estándar = Cambio pre-aprobado
    - Configuración = Relaciones y atributos
    - Servicio = Crear valor
    - Fase de transición = pruebas
    - RACI = roles
    - Accesos = Identidad/privilegios
    - Niveles de servicios = SLAs/OLAs
- **Contestar en el orden que le sea conveniente:** No tiene por qué contestar el examen en el orden establecido, puede contestar primero las fáciles y de las cuales está seguro y dejar a lo ultimo las más difíciles.
- **Si tiene tiempo,** revise sus respuestas al final para asegurarse de que no se perdió una pregunta y de que no marcó sus respuestas con las preguntas incorrectas. Vale la pena comprobar.

La certificación que usted va a afrontar es la primera de una lista de certificaciones de ITIL® que vamos a explicar a continuación:

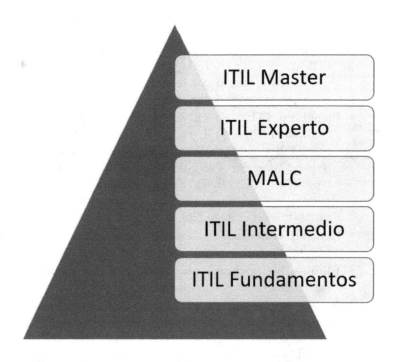

- ITIL® Fundamentos:
  - Créditos: 2
  - Certificación de nivel de entrada
  - Dirigidos a quienes requieren un entendimiento básico conceptual.
  - Examen: 40 preguntas, 1 horas para responder y se aprueba con 65%.
- Intermedio (Cadena de ciclo de vida del servicio o de capacidad de servicio):
  - Cada área del ciclo de vida del servicio es un módulo que proporciona 3 créditos.
  - Pueden seleccionarse los módulos que sean de interés o en lo que desee especializarse.
  - Se debe poseer la certificación ITIL® Fundamentos.
  - Examen: 8 preguntas complejas de situaciones, 90 minutos para responder.
- Gerencia de ciclo de vida del servicio (MALC):
  - Mínimo 17 créditos de los niveles Fundamentos e Intermedio.
  - Curso de 30 horas.
  - Examen: 10 preguntas situacionales, 120 minutos de duración y se aprueba con 70%.
- Experto ITIL:
  - Se obtiene automáticamente al obtener 22 créditos en niveles previos.
  - Examen: No requiere examen.
- ITIL Master:
  - Requiere haber alcanzado el nivel experto ITIL
  - Requiere al menos 5 años de experiencia en posiciones de gerencia o liderazgo.
  - Debe tener una amplia experiencia práctica.
  - La experiencia práctica se demuestra por medio de la evaluación de un colega.

4 CICLO DE VIDA DEL SERVICIO

El ciclo de vida del servicio es un modelo de organización que ofrece información sobre cómo está estructurada la gestión del servicio y la forma que los distintos componentes del ciclo de vida están relacionados entre sí.

Las fases del ciclo de vida del servicio son:

- **Estrategia del servicio**: Indica como diseñar, desarrollar e implementar la gestión del servicio como un activo estratégico.
- **Diseño del servicio**: Guía para diseñar y desarrollar servicios y la gestión del servicio.
- **Transición del servicio**: Desarrollo y mejora de las capacidades para llevar a producción servicios nuevos y mejorados.
- **Operación del servicio**: Guía para obtener eficiencia y efectividad en la entrega y soporte del servicio.
- **Mejora continua del servicio**: Mejora de todas las fases del ciclo de vida proporcionando más valor al cliente.

Como se puede observar en la grafica anterior todo gira en torno a la estrategia del servicio, quienes son los encargados de la definición de que servicios se van a implementar.

El diseño del servicio se encarga de la definición del servicio con sus diferentes procesos y funciones y la transición del servicio revisa que efectivamente el diseño del servicio pueda ser puesto en operación.

La operación del servicio es en la fase que el cliente empieza a percibir el valor y la mejora continua se puede mover entre todas las fases para detectar mejoras potenciales tal como su nombre lo indica.

Cada una de las fases indicadas tiene a su vez procesos, funciones y roles que explicaremos a continuación, la diferencia entre ellas es de suma importancia para entender los conceptos y poder responder de manera correcta las preguntas en el examen.

Proceso: es un conjunto de actividades interrelacionadas orientadas a cumplir un objetivo específico. Los procesos tienen las siguientes características:

- Son cuantificables y se basan en el rendimiento
- Tienen resultados específicos.
- Tienen un cliente final que es el receptor de los resultados.
- Se inician como respuesta a un evento.

Función: Es una unidad especializada en la realización de un actividad especifica y es la responsable de su resultado. Las funciones incorporan todos los recursos y capacidades necesarios para el correcto desarrollo de la actividad.

Roles: Un rol es un conjunto de actividades y responsabilidades asignada a una persona o a un grupo. Una persona o un grupo puede desempeñar más de un rol. Hay cuatro roles genéricos:

- Gestor del servicio: Es el responsable de la gestión de un servicio durante todo su ciclo de vida:
- Propietario del servicio: Es el ultimo responsable, tanto para el cliente como para la organización de TI.
- Gestor del proceso: Es el responsable de la gestión de toda la

operativa asociada a un proceso en particular.

- **Propietario del proceso:** Es el ultimo responsable frente a la organización de TI de que el proceso cumple sus objetivos.

Otro concepto importante es el de Service Desk o también conocido en algunos países como mesa de Ayuda o centro de servicio. La función del centro de servicio se enmarca dentro de ITIL® V3 en la operación del servicio y tiene como objetivo proporcionar un punto único de contacto para los usuarios del servicio y coordinar grupos de trabajo y procesos para asegurar que se cumplan los niveles de servicio acordados. Las principales tareas que debe llevar a cabo son:

- Registrar , categorizar y priorizar las peticiones abiertas por los clientes.
- Proporcionar una última línea de soporte, realizando un primer diagnóstico y resolviendo peticiones.
- Asignar las peticiones que no se puedan resolver.
- Monitorear la resolución de peticiones, escalando aquellas para la que exista un riesgo de incumplir el acuerdo de nivel de servicio.
- Mantener informado a los clientes del estado de sus peticiones.
- Cerrar las peticiones resueltas, previa validación con los usuarios.
- Medir el nivel de satisfacción de los usuarios.

Hay 3 tipos de centros de servicio en la metodología ITIL®:

- **Centralizado:** Es tener en un pequeño sector todo el centro de servicio lo que permite reducir costos.

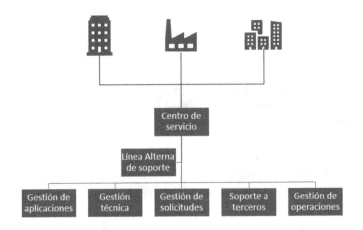

- **Virtual:** Apoyándose en el uso de la tecnología y las herramientas da la impresión de tener un centro centralizado cuando su personal puede estar distribuido geográficamente.

- **Follow the sun:** Como su nombre lo indica es seguir el sol y es muy útil para organización que actúan de manera global. Un ejemplo es tener un centro de servicio en América y otro en Asia lo que permitiría que su personal este en horario de oficina pero dando soporte mas tiempo.

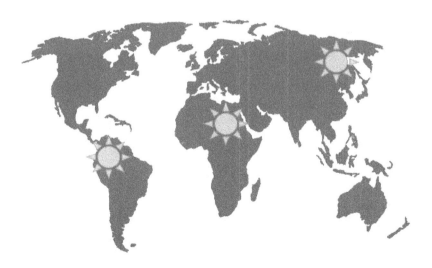

Gestión Técnica

La gestión técnica aporta habilidades técnicas y los recursos necesarios para dar soporte a la fase de operación del servicio. La gestión técnica toma parte en el diseño, pruebas, despliegue y mejoras de los servicios de TI.

- Es la responsable del conocimiento técnico y la experiencia relacionada con la gestión de la infraestructura de TI.
- Proporciona los recursos reales destinados a dar soporte al ciclo de vida.

Gestión de aplicaciones

Es la responsable del soporte y mantenimiento de las aplicaciones que toman parte de la operación del servicio.

- Es responsable del conocimiento técnico y la experiencia relacionada con las aplicaciones.
- Proporciona los recursos reales destinados a dar soporte al ciclo de vida.

Gestión de operaciones

Las actividades de la gestión de operaciones esta muy relacionada con el monitoreo y supervisión. Algunas de las actividades que realizan son:

- Gestión de consolas: Define como se va a llevar a cabo la observación central y evalúa la capacidad de monitoreo.
- Programación de tareas: Gestiona los trabajos rutinarios o automáticos.
- Back-up: Restauración de archivos para los equipos de gestión técnica y aplicaciones.
- Gestión de impresión y salidas: Se recopilan y distribuyen documentos impresos o electrónicos.
- Actividades de rendimiento

5 ESTRATEGIA DEL SERVICIO

El objetivo de la estrategia del servicio es poder identificar a la competencia y lograr tener un diferencial con respecto a ella. ITIL® da algunos lineamientos básicos para los proveedores del servicio.

- Enfoque de mercado: Saber dónde y cómo competir.
- Capacidades distintivas: Crear activos con diferenciales y rentables.
- Estructura basada en el rendimiento: Posiciones organizacionales factibles y que se puedan medir.

Procesos

Gestión de la estrategia

Es el proceso que define y mantiene la perspectiva, la posición y los planes y las guías de la organización con respecto a los servicios y su gestión.

Objetivos

- Analizar el mercado e identificar oportunidades
- Identificar restricciones y sus efectos en los servicios y su gestión
- Acordar la perspectiva y revisarla de manera periódica
- Establecer la posición respecto a sus clientes y otros proveedores
- Producir y mantener planes estratégicos para cada servicio
- Gestionar los cambios en las estrategias y documentos relacionados.

Alcance

- Organización encaminada al cumplimiento de objetivos
- Activos de servicio alineados con los planes de negocio
- Ciclo de vida de los servicios planificado y enfocado

Gestión financiera

Provee al negocio de TI la cuantificación del valor de los servicios de TI y del valor de los activos, todo esto en términos de valor financiero.

Objetivos

- Definir y mantener en la identificación de costes de TI.
- Evaluar el impacto financiero de las estrategias.
- Presupuestar los requerimientos financieros y legales.
- Control financiero y operativo en la provisión de servicios.

Alcance:

- Conocer cuan eficiente es la provisión de los servicios
- Evaluación de resultados de la estrategia de diferenciación

Gestión de la demanda

Provee los recursos necesarios. Una demanda que no esta bien gestionada o genera incertidumbre o gastos adicionales al tener exceso de capacidad.

Objetivos

- Monitorear los patrones de actividad del negocio (PBA)
- Influenciar en los usuarios de acuerdo a los patrones de demanda de los servicios.
- Diferenciar la oferta

Alcance

- Conocimiento y proyección de la demanda de servicios.
- Segmentación del mercado.
- Asociar los perfiles de los usuarios con los paquetes de servicio.
- Apoyar al diseño del servicio con información.

Gestión del portafolio de servicios

Es el proceso responsable del portafolio de servicio donde se consideran los servicios en términos de valor que proveen al negocio.

Objetivos

- Demostrar el valor que se provee al cliente.
- Clarificar los modelos de precios y recuperación de costes.
- Documentar los riesgos, debilidades y fortalezas de un servicio.

- Documentar como se entrega un servicio
- Analisis de inversiones para cambios o nuevos servicios.

Alcance

- Enfoque de servicio sobre lo que se ofrece en la organización de TI.

Paquete de servicio

- Es una descripción detallada de un servicio de TI que esta disponible para entregarse a los cliente. Incluye un paquete de nivel de servicio (SLP) y uno o mas servicios esenciales y de soporte.

Paquete de nivel de servicio (SLP)

- Es un nivel definido de funcionalidad y garantía para un determinado paquete de servicios. Cada SLP se diseña para satisfacer las necesidades de un patrón de actividades del negocio determinado.

Gestión de las relaciones con el negocio

Es el proceso responsable de establecer y mantener relaciones entre el proveedor de TI y sus clientes en el nivel estratégico.

Objetivos

- Asegurar que el proveedor entiende la perspectiva del cliente.
- Asegurar que el cliente tenga un alto nivel de satisfacción.
- Establecer y mantener una relación constructiva entre ambos.
- Identificar cambios en el entorno del cliente, articulando requisitos del negocio para cambios o nuevos servicios.
- Asegurar que los servicios entregan valor trabajando de la mano con los clientes.

Alcance

- Esta orientado a los resultados del cliente, enfocado en los niveles de satisfacción del cliente y en como optimizar el uso de los servicios.

Las cuatro "P" de la estrategia

- **Perspectiva**: tener una visión y enfoque claros.
- **Posición**: Adoptar una postura bien definida.
- **Plan**: Tener una idea clara de como debe desarrollarse la organización.
- **Patrón**: Mantener la coherencia de decisión y acciones.

Nota importante: No confundir con las cuatro "P" de la gestión de servicios que veremos mas adelante.

Valor de un servicio

Utilidad: Se adecua al propósito. Es decir que se satisface si se tiene el rendimiento esperado o si se reducen las limitaciones.

Garantía: Busca disponibilidad, capacidad, continuidad y seguridad suficientes.

Valor = Utilidad + Garantía

Disponibilidad: Garantiza al cliente poder hacer uso de los servicios en las condiciones previamente acordadas.

Capacidad: Se debe realizar un monitoreo eficaz de la capacidad para poder garantizar la funcionalidad de los servicios.
Continuidad: Garantiza que el servicio es de utilidad para el negocio incluso cuando se presentan dificultades o desastres.

Seguridad: Garantizar confianza a los clientes para la utilización del servicio.

Activos del Servicio

Los recursos y activos son tipos de activos que las organizaciones usan para crear valor en forma de bienes y servicios. Los recursos deben estar basados en experiencia y están ligados con las personas, procesos, sistemas y tecnologías.

Las capacidades se usan para desarrollar, implementar y coordinar la capacidad productiva. Las capacidades por si solas no pueden generar valor alguno si no cuentan con los recursos adecuados.

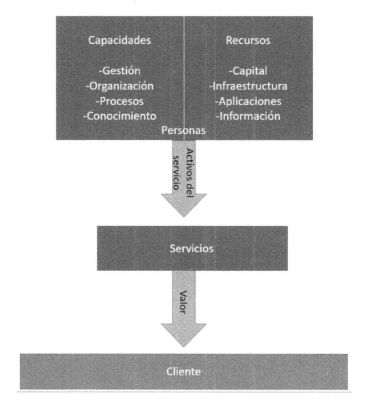

Tipos de activos

- **Gestión**: La gestión es un sistema que incluye liderazgo, administración, política, rendimiento, normativas e incentivos.
- **Organización**: Los activos organizacionales son configuraciones activas de personas, procesos, aplicaciones e infraestructuras que implementan todas las actividades organizacionales.
- **Procesos**: Incluyen algoritmos, métodos, procedimientos y rutinas. Son pasos a seguir para realizar actividades.
- **Personas**: Son activos que representan capacidad, análisis, percepción, liderazgo, comunicación y confianza.
- **Información**: Son colecciones, patrones y abstracciones de datos que se aplican a clientes, contratos, servicios, eventos y producción.
- **Aplicaciones**: Los activos de aplicaciones incluyen artefactos, automatizaciones y cualquier herramienta que apoye a un mayor

rendimiento de los otros activos.

- **Infraestructura**: Son activos definidos que dan soporte a los otros activos como personas y aplicaciones.
- **Capital**: Los activos financieros permiten usar todo tipo de activos.

Tipos de proveedores de servicios

ITIL® clasifica los proveedores de servicios en varios tipos de la siguiente manera:

- **Tipo I:** Proveedor interno de servicios.
- **Tipo II**: Unidad de servicios compartidos.
- **Tipo III**. Proveedor externo de servicios.

Procesos y actividades

En la siguiente sección vamos a ver las actividades mas importantes del proceso de la estrategia del servicio. ITIL® lo define de la siguiente manera:

- Definición del mercado.
  - o Entendimiento del cliente.
  - o Entendimiento de las oportunidades.
  - o Clasificación y visualización de los servicios.
- Desarrollo de la oferta.
- Desarrollo de los activos estratégicos.
- Preparación de la implementación.

Entendimiento del cliente

Se debe tener un entendimiento del rendimiento de los activos del cliente para poder determinar el valor de un servicio.

Entendimiento de las oportunidades

Si los objetivos del cliente no tienen respaldo necesario es una oportunidad para desarrollar servicios que permitan atender esas necesidades ayudando al cliente a cumplir sus objetivos.

Clasificación de los servicios

Los servicios se diferencian por la forma y el contexto en el que crean valor.

Conceptos Clave

- ¿Cuál es mi mercado y que productos o servicios requieren?
- ¿Cómo me puedo organizar para atender esos clientes?
- ¿Cómo decido entre las distintas opciones disponibles'

Anatomía de un servicio

Misión/Visión del negocio
Estrategia/metas del negocio
Metas por línea de negocio
Procesos clave de negocio
Resultado/Entregable del proceso de negocio
Aplicación o sistema de TI
Utilidad/Funcionalidad entregada por el sistema
Criterios de evaluación del servicio

6 DISEÑO DEL SERVICIO

El objetivo principal de esta fase es diseñar los servicios para introducirlos en el entorno productivo. Las actividades del diseño dan inicio desde el momento en que se lanza un nuevo servicio o un nuevo cambio.

El diseño debe aplicar un enfoque global para asegurar la consistencia y la integración. Cualquier cambio de un elemento del servicio deber ser evaluado teniendo en cuenta el resto de elementos.

Propósito

Diseñar servicios de TI en conjunto con las practicas de gobierno de TI, los procesos y las políticas, siguiendo la estrategia del servicio y facilitando la introducción de esos servicios en producción.

¿Cuál es el valor para el negocio?

- Reduce costos totales de propiedad (TCO).
- Mejora la calidad del servicio.
- Mejora la consistencia en el servicio.
- Facilita la implementación de servicios nuevos.
- Mejora la alineación de servicios.
- Desempeña mejor los servicios.
- Mejora el gobierno de TI.
- Gestiona el servicio y los procesos de TI más efectivamente.
- Mejora la información y la toma de decisiones.
- Mejora la alineación con la estrategia y el valor entregado a los clientes.

¿Cuáles son los roles?

- Propietario del servicio.
- Practicante del proceso.
- Dueño y gerente del proceso de:
  - o Coordinación del diseño.
  - o Gestión del catálogo de servicios.
  - o Gestión de niveles de servicio.
  - o Gestión de disponibilidad.
  - o Gestión de capacidad.

- o Gestión de continuidad de servicios de TI.
- o Gestión de seguridad de la información.
- o Gestión de proveedores.
- Propietario del servicio en gestión de niveles de servicio, gerente de relaciones del negocio en gestión de niveles de servicio.
- Planeador de TI.
- Diseñador/Arquitecto de TI.

Las 4 P

La implementación de servicios ITIL® tiene mucho que ver con la preparación y planificación y el uso de las 4P que veremos a continuación.

- People (Personas)
- Process (Procesos)
- Products (Productos)
- Partners (Asociados y proveedores)

Paquete de diseño de servicios (SDP)

Son documentos que definen todos los aspectos de un servicio de TI y sus requerimientos en cada etapa de su ciclo de vida.

Portafolio de servicios

Es el conjunto completo de servicios que son gestionados por un proveedor de servicios. El portafolio de servicios se utiliza para gestionar el ciclo de vida completa de todos los servicios, e incluye tres categorías:
- Servicios bajo consideración.
- Catálogo de servicios.
- Servicios retirados.

Procesos de la fase de diseño de servicio

Coordinación del diseño

Es el proceso responsable de coordinar todas las actividades de diseño de servicios, procesos y recursos.

Propósito

Asegurar que se cumplan las metas y objetivos de la fase de diseño de servicio. Proporcionar un punto único de coordinación y control para todas las actividades y procesos dentro de esta fase del ciclo de vida.

Objetivos

- Coordinar todas las actividades de diseño a través de proyectos, cambios, proveedores de servicio y recursos.
- Planear y coordinar los recursos y competencias requeridas para el diseño de servicios.
- Producir los paquetes de diseño de servicios (SDP)
- Asegurar que diseños de servicios y SDPs son producidos y entregados a la transición del servicio de la manera que se acordó.
- Gestionar criterios de calidad.
- Asegurar que los modelos de servicio y diseños de solución de servicio cumplan con requerimientos de arquitectura, gobierno, estratégicos y corporativos.
- Mejorar la eficiencia y efectividad de las actividades y procesos del diseño del servicio.
- Asegurar que todas las partes adopten un marco de trabajo común de prácticas de diseño estándares.
- Monitorear y mejorar el desempeño del ciclo de vida del diseño del servicio.
- Asegurar la consistencia en el diseño de servicios, sistema de gestión de información, arquitectura, procesos, tecnología y métricas.

Alcance

Incluye todas las actividades de diseño, en especial los servicios nuevos o modificados que están siendo diseñados para el paso a la transición.

Actividades

- Definir y mantener políticas y métodos.
- Planear recursos y capacidades de diseño.
- Coordinar actividades de diseño.
- Gestionar riesgos.
- Mejorar la gestión del servicio.
- Actividades relacionadas a cada diseño individual.
- Planear.

- Coordinar.
- Monitorear.
- Revisar.

Gestión del catalogo de servicios

Es el proceso responsable de proporcionar y mantener el catálogo de servicios y de asegurar que esté disponible para aquellos que estén autorizados a acceder a él.

Propósito

Proporcionar y mantener una fuente de información única y consistente de todos los servicios acordados y asegurar que esté disponible para todos aquellos autorizados para accederla.

Objetivos

- Los servicios que son ejecutados (o que sean preparados para ejecutarse) en un ambiente real.
- Asegurar que el catálogo de servicios esté disponible para aquellos que cuenten con acceso autorizado.
- Asegurar que el catálogo de servicios soporte las necesidades cambiantes de los demás procesos para información del catálogo de servicios, incluyendo toda información de relación y dependencia.

Alcance

Proveer y mantener información consistente de todos los servicios que estén en transición o hayan hecho la transición al ambiente de producción.

Actividades

- Acordar y documentar la definición de servicio.
- Mantener comunicación con la gestión del portafolio de servicios.
- Producir y mantener los catálogos de servicios.
- Mantener comunicación con el negocio y la gestión de continuidad de servicios de TI.
- Mantener comunicación con los equipos de soporte, proveedores y gestión de activos de servicio y configuración.

- Mantener comunicación con la gestión de relaciones del negocio y procesos del negocio.

Gestión de niveles de servicio

Es el proceso responsable de negociar acuerdos de nivel de servicios alcanzables y de asegurar que estos se cumplan.

Proposito

Asegurar que todos los servicios de TI actuales y planeados sean entregados logrando los niveles acordados.

Objetivos

- Definir, documentar, acordar, monitorear, medir, informar y revisar el nivel de servicio proporcionado por TI y aplicar medidas correctivas cuando sea apropiado.
- Proporcionar y mejorar la relación y la comunicación con el negocio y los clientes, en conjunto con la gestión de relaciones del negocio.
- Asegurar que se desarrollen objetivos específicos y medibles para todos los servicios de TI.
- Monitorear y mejorar la satisfacción del cliente con la calidad del servicio entregado.
- Asegurar que los clientes y TI tengan expectativas claras de los niveles de servicio.
- Asegurar que se implementen mediciones proactivas para mejorar el nivel de servicio.

Alcance

- Cooperación con la gestión de relaciones del negocio.
- Negociación y acuerdos de requerimientos futuros, objetivos y la documentación y gestión de los requerimientos de nivel de servicios (SLR) para todos los servicios nuevos o modificados.
- Negociación y acuerdo de los requerimientos actuales, objetivos y la documentación y gestión de los acuerdo de niveles de servicio (SLA) para todos los servicios en operación.
- Gestión y desarrollo del acuerdo de nivel operativo (OLA) para

asegurar que los objetivos se alineen con los objetivos de los SLAs.

- Revisión de todos los contratos de soporte (UC) y acuerdos con la gestión de proveedores a fin de asegurar que se encuentren alineados.
- Prevención proactiva de fallas en el servicio, reducción de riesgos en el servicio y mejoras en la calidad del servicio.
- Información y gestión de todos los servicios y la revisión de las brechas de los SLAs.
- Revisión y renovación del alcance de los SLAs, los OLAs y de los servicios.
- Identificación de oportunidades de mejora para su inclusión en el registro de la mejora continua del servicio (CSI).
- Revisión y priorización de las mejoras incluidas en el registro de CSI.

Actividades

- Determinar, negociar, documentar y acordar requerimientos para servicios nuevos o modificados y producir SLRs.
- Monitorear y medir el desempeño del servicio.
- Producir informes de servicios.
- Realizar revisiones del servicio e identificar mejoras, administrándolas a través del SIPs.
- Recopilar, medir y mejorar la satisfacción del cliente.
- Revisar y ajustar SLAs, OLAs y el alcance de los servicios.
- Apoyar la gestión de proveedores con la revisión de los acuerdos y UCs.
- Desarrollar y documentar (en coordinación con el proceso de gestión de relaciones del negocio) contactos y relaciones con el negocio, clientes e interesados.
- Registrar y gestionar (en coordinación con el proceso de gestión de relaciones del negocio) quejas y felicitaciones.
- Proporcionar una gestión adecuada de la información para apoyar la gestión del desempeño y demostrar el logro de los servicio.

Gestión de capacidad

Es el proceso responsable de asegurar que la capacidad de los servicios de TI y la infraestructura de TI puedan cumplir con los requerimientos acordados, relacionados con la capacidad y el desempeño de una manera rentable y oportuna.

Propósito

Asegurar que la capacidad de los servicios y la infraestructura de TI cumplan con los requerimientos acordados, relacionados con la capacidad y el desempeño de una manera rentable y oportuna.

Objetivo

- Producir y mantener un plan de capacidad adecuado y actualizado, que refleje las necesidades actuales y futuras del negocio.
- Proporcionar una guía a todas las otras áreas del negocio y TI en toda su capacidad (y desempeño) y sus elementos relacionados.
- Asegurar que el desempeño logrado en los servicios cumpla o exceda todos los acuerdos de desempeño, administrando la capacidad y desempeño de servicios y recursos.
- Ayudar con el diagnóstico y resolución de incidentes y problemas relacionados con desempeño y capacidad.
- Evaluar el impacto de los cambios en el plan de capacidad y el rendimiento y capacidad de todos los recursos y servicios.

Alcance

Proporcionar un punto de enfoque y gestión para todos los asuntos de capacidad y desempeño relacionado a los servicios y a los recursos.

Actividades

Proactivas

- Anticiparse a asuntos de desempeño tomando acciones antes de que éstos ocurran.
- Generar tendencias de utilización de los componentes actuales y estimar futuros requerimientos.
- Modelar los cambios previstos a los servicios de TI para asegurar su disponibilidad.
- Asegurar que las actualizaciones sean presupuestadas, planeadas e implementadas.
- Buscar activamente la mejora del servicio siempre que sea justificable su costo.

- Producir y mantener un plan de capacidad.
- Ajustar (optimizar) el desempeño de los servicios y componentes.

Reactivas

- Monitorear, medir, informar y revisar el desempeño actual tanto del servicio como de sus componentes.
- Responder a todos los eventos relacionados a capacidad y tomar acciones correctivas.
- Reaccionar con asistencia en asuntos específicos de desempeño.

Gestión de disponibilidad

Es el proceso responsable de asegurar que los servicios de TI cumplan con las necesidades actuales y futuras de disponibilidad del negocio de una manera rentable y oportuna.

Propósito

Asegurar que el nivel de disponibilidad entregado en todos los servicios de TI cumpla con lo acordado y con los SLAs de forma eficiente en costos y tiempo.

Objetivos

- Producir y mantener un plan adecuado y al día, que refleje las necesidades actuales y futuras del negocio.
- Proporcionar una guía a todas las áreas del negocio sobre los elementos relacionados con disponibilidad.
- Asegurar que la disponibilidad de servicio entregada cumple con los objetivos y metas acordados a través de la gestión de servicios y recursos relacionados con el desempeño de la disponibilidad.
- Apoyar con el diagnóstico y resolución de disponibilidad (relacionando incidentes y problemas).
- Evaluar el impacto de todos los cambios en el plan de disponibilidad y en el rendimiento y capacidad de todos los servicios y recursos.
- Asegurar la implementación de mediciones proactivas para mejorar la disponibilidad de los servicios siempre que su costo sea justificable.

Alcance

Incluye el diseño, implementación, medición, la gestión y la mejora de disponibilidad de los servicios de TI y sus componentes.

Actividades

Reactivas

- Monitorear, medir, analizar, informar y revisar disponibilidad de servicios y componentes.
- Investigar la indisponibilidad de servicios y componentes e instigar acciones correctivas.

Proactivas

- Planear y diseñar servicios nuevos y modificados.
- Valoración y gestión de riesgos.
- Implementar contramedidas de costo justificable.
- Revisar todos los servicios nuevos y modificados y probar todos los mecanismos de disponibilidad y resiliencia.
- Revisión y mejora continua.

Gestión de continuidad de servicios

Es el proceso responsable de gestionar los riesgos que podría afectar seriamente los servicios de TI.

Propósito

Apoyar el proceso total de la gestión de continuidad del negocio asegurando que se puedan entregar niveles de servicio acordados mediante la gestión de los riesgos que pudieran dañar los servicios de TI.

Objetivos

- Producir y mantener un conjunto de planes de continuidad del servicio de TI que soporten los planes de continuidad del negocio de la organización.
- Completar ejercicios regularmente de análisis de impacto al negocio y riesgos.
- Conducir evaluaciones constantes de riesgo y ejercicios de gestión

de servicios de TI con un nivel de riesgo acordado.

- Proporcionar consejos y guías al negocio y TI sobre aspectos de continuidad.
- Asegurar que se cuentan con los mecanismos adecuados de continuidad y recuperación.
- Evaluar el impacto de todos los cambios en el plan de continuidad del servicio.
- Asegurar que se implementen mediciones proactivas para mejorar la disponibilidad de los servicios.
- Negociar y acordar los contratos necesarios con proveedores para la provisión de la capacidad necesaria para la recuperación.

Alcance

Se enfoca en los eventos que pueden considerarse amenazas. El alcance es determinado por la estructura organizacional, la cultura y la dirección estratégica.

Actividades

- Iniciación.
- Requerimientos y estrategia.
- Implementación.
- Operación continua.

Gestión de Seguridad de la información

Es el proceso responsable de asegurar que la confidencialidad, integridad y disponibilidad de los activos, información, datos y servicios de TI de una organización satisfagan las necesidades acordadas del negocio.

Propósito

Alinear la seguridad de TI con la seguridad del negocio y asegurar que la confidencialidad, integridad y disponibilidad de los activos de la organización, la información, los datos y los servicios de TI cumplan siempre con las necesidades acordadas del negocio.

Objetivos

Para la mayoría de las organizaciones los objetivos se cumplen cuando:

- La información es observada y entregada sólo a las personas que se les otorga el derecho.
- La información es completa, confiable y disponible cuando es requerida y los sistemas que la proveen deben de ser capaces de resistir ataques y reponerse de fallas.
- La información está disponible y es utilizable cuando es requerida y los sistemas que la proveen pueden resistir ataques y recuperarse de fallas o prevenirlas.
- Las transacciones de negocios y los intercambios de información puedan ser confiables.

Alcance

- Debe ser el punto focal de todos los aspectos de seguridad de TI y debe asegurar que se establezca, mantenga y aplique una política de seguridad que cubra el uso y abuso de sistemas y servicios de TI.

Actividades

- Producir y revisar la política de seguridad de la información y un conjunto de políticas de soporte.
- Comunicar, implementar y aplicar políticas de seguridad.
- Evaluar y clasificar los activos de información.
- Implementar y revisar controles de seguridad.
- Monitorear y gestionar las infracciones e incidentes de seguridad.
- Análisis, informe y reducción del volumen e impacto de infracciones e incidentes de seguridad.
- Programar revisiones de seguridad y auditorías de ingreso no permitido.

Gestión de proveedores

Propósito

Obtener valor por el dinero pagado a los proveedores, asegurándose que todos los contratos y acuerdos con proveedores apoyen las necesidades del negocio y que todos los proveedores cumplan sus compromisos contractuales.

Objetivos

- Obtener valor por el dinero pagado a los proveedores.
- Asegurar que los UCs y acuerdos con los proveedores están alineados a las necesidades del negocio (con SLRs y los SLAs).
- Gestionar la relación con los proveedores.
- Gestionar el desempeño del proveedor.
- Negociar y acordar contratos con proveedores y gestionar su ciclo de vida.
- Mantener una política de proveedores y un sistema de información de la gestión de proveedores y contratos (SCMIS).

Alcance

- Implementación y aplicación de la política del proveedor.
- Mantenimiento del SCMIS.
- Clasificación y evaluación del riesgo de proveedores y contratos.
- Evaluación y selección de proveedores y contratos.
- Desarrollo, negociación y acuerdo de contratos.
- Revisión, renovación y término de contratos.
- Gestión y rendimiento de los proveedores.
- Identificación de oportunidades de mejora para incluirlas en el CSI e implantación de planes de mejora relacionados con proveedores y los servicios que proporcionan.
- Mantenimiento de contratos, términos y condiciones estándar.
- Gestión de resolución de conflictos contractuales.
- Gestión de proveedores subcontratados.

Actividades

- Definir proveedores nuevos y requerimientos de contrato.
- Evaluar nuevos proveedores y contratos.
- Clasificar al proveedor y contratos y mantener del SCMIS.
- Establecer nuevos proveedores y contratos.
- Gestionar el desempeño del proveedor y contrato.
- Renovar o terminar el contrato.

7 TRANSICION DEL SERVICIO

En la fase de transición del servicio nos aseguramos que el en el ciclo de vida del servicio, cualquier modificación cumpla con las expectativas del negocio. Para lograr esto se requiere:

- Una excelente administración de los conocimientos adquiridos.
- Una cultura organizacional.
- Una mentalidad de transición ante las circunstancias adversas.
- La búsqueda de beneficios competitivos.
- Mejores innovaciones del mercado, de agilidad.

Propósito

Asegurar que los servicios nuevos, modificados o retirados, cumplan con las expectativas del negocio tal y como fueron documentados en las fases de estrategia del servicio y de diseño del servicio.

Objetivos

- Planear y gestionar los cambios del servicio de manera eficiente y efectiva.
- Gestionar los riesgos relacionados con los servicios nuevos, cambios y retiros de servicios.
- Implementar con éxito versiones dentro de los ambientes soportados.
- Establecer expectativas correctas del desempeño y del uso de servicios nuevos o modificados.
- Asegurar que los cambios de servicios creen el valor esperado en el negocio.
- Proporcionar una buena calidad del conocimiento e información acerca de los servicios y activos del servicio.

Valor para el negocio

- Permite estimar costos, tiempos, requerimientos de recursos y riesgos asociados a transición del servicio.
- Volúmenes más altos de cambios exitosos.
- Facilita la adopción y seguimiento.
- Permite compartir y reutilizar los activos de la transición del servicio.
- Reduce retrasos en conflictos y dependencias.
- Reduce esfuerzos en gestionar la prueba de transición del servicio y pilotos.
- Mejora el establecimiento de expectativas para todo interesado.
- Aumenta la confianza en la entrega del servicio nuevo o cambio en el servicio, sin afectar otros servicios o interesados.
- Asegura que el servicio nuevo o cambio en el servicio sea fácil de mantener y rentable.
- Mejora el control de activos de servicio y configuración.

Roles

- Propietario del servicio
- Gerente de transición del servicio
- Dueño y gerente del proceso:
    - o Planificación de la transición y el soporte.
    - o Gestión de cambios.
    - o Gestión de activos de servicio y configuración.
    - o Gestión de liberación e implementación.
    - o Validación y pruebas del servicio.
    - o Evaluación del cambio.
    - o Gestión de conocimiento.
- Practicante:
    - o Planificación de la transición y el soporte.
    - o Cambios.
    - o Paquetes de liberación.
    - o Implementación.
    - o Soporte temprano.
    - o Validación y pruebas del servicio
    - o Gestión del conocimiento

Alcance

- La gestión del ciclo de vida de cada elemento de configuración.
- Las relaciones con proveedores de servicio interno y externo.

Actividades

- Gestión y planeación.
- Identificación de configuración.
- Control de configuración.
- Contabilización e informe de estado.
- Verificación e informe de auditoría.

Procesos de la transición del servicio

Planificación de la transición y el soporte

Propósito

Proveer planeación para la transición del servicio y coordinar los recursos que sean requeridos.

Objetivos

- Planear y coordinar los recursos para asegurar que los requerimientos de la estrategia del servicio registrados en el diseño del servicio sean efectivamente entregados en la operación del servicio.
- Coordinar actividades a través de proyectos, proveedores y equipos de servicio.
- Establecer servicios nuevos o cambios en servicios en sus ambientes que tienen soporte dentro de un costo, calidad y tiempo estimados.
- Establecer sistemas de información, arquitectura de sistemas, procesos de gestión del servicio, métodos de medición y métricas que cumplan con los requerimientos establecidos durante la fase de diseño, de los servicios nuevos o modificados.
- Asegurar que todas las partes adoptan un marco común de procesos y sistemas de soporte estándares para mejorar la efectividad de las actividades integradas de planificación y

coordinación de la transición.

- Proveer planes claros que permitan al cliente y al negocio alinear sus actividades con los planes de transición del servicio.
- Identificar, gestionar y controlar los riesgos para minimizar la probabilidad de fracaso y de interrupción a través de las actividades de transición; además de asegurar que los temas de transición del servicio, los riesgos y las desviaciones sean informados a las partes interesadas y tomadores de decisiones.
- Monitorear y mejorar el desempeño de las fases de transición del ciclo de vida del servicio.

Alcance

- Mantener políticas, estándares y modelos para las actividades y procesos de la transición del servicio.
- Guiar cada cambio o servicio nuevo a lo largo de los procesos de transición.
- Coordinar los esfuerzos necesarios para lograr transiciones múltiples en el mismo período de tiempo.
- Priorizar requerimientos de recursos de transición del servicio.
- Planear el presupuesto y recursos necesarios para la transición del servicio.
- Revisar y mejorar el despeño de las actividades.
- Asegurar que la transición del servicio esté coordinada con las demás fases.

Gestión de activos de servicio y configuración

Propósito

- Asegurar que los activos requeridos para liberar un servicio sean controlados de manera adecuada.
- Gestiona la información de los activos de servicio y se asegura que se encuentre disponible cuando se necesite.

Objetivos

- Asegurar que los activos son identificados, controlados y gestionados a lo largo de su ciclo de vida.
- Identificar, controlar, registrar, informar, auditar y verificar los servicios y elementos de configuración, incluyendo versiones, línea

base y componentes.

- Gestionar y proteger la integridad de los elementos de configuración a lo largo de su ciclo de vida.
- Asegurar la integridad de ECs y configuraciones necesarias para el control de los servicios mediante el establecimiento y mantenimiento de un correcto y completo sistema de gestión de configuración.
- Mantener información actual, histórica y de planes futuros de la configuración de los servicios y ECs.
- Apoyar los procesos de gestión de servicios de manera efectiva y eficiente proporcionando información de configuración precisa para permitir a la gente tomar las decisiones correctas.

Alcance

- Las relaciones con proveedores de servicio interno y externo.
- La gestión del ciclo de vida de cada elemento de configuración.

Actividades

- Gestión y planeación.
- Identificación de configuración.
- Control de configuración.
- Contabilización e informe el estado.
- Verificación y auditoría.

Sistema de gestión de configuración (CMS)

Es un conjunto de herramientas, datos e información utilizado para apoyar la gestión de activos de servicio y configuración. El CMS es parte de un sistema de gestión general del conocimiento e incluye herramientas para recopilar, almacenar, gestionar, actualizar, analizar y presentar datos acerca de todos los elementos de configuración y sus relaciones.

Gestión de liberaciones e implementación

Es el proceso responsable de la planificación, programación y control de la construcción, prueba e implementación de liberaciones y de proporcionar nuevas funcionalidades que son requeridas por el negocio al tiempo que protege la integridad de los servicios existentes.

Propósito

Planear, calendarizar y controlar la creación, prueba e implementación de las liberaciones para entregar las nuevas funcionalidades requeridas por el negocio al mismo tiempo que protege la integridad de los servicios existentes.

Objetivos

- Definir y acordar, en conjunto con clientes e interesados, los planes de liberación e implementación.
- Crear y probar paquetes de liberación que consisten en ECs relacionados y compatibles unos con otros.
- Asegurar que la integridad de un paquete de liberación y sus componentes se mantienen a través de actividades de transición y que todos los paquetes de liberación sean almacenados en una DML y registrados correctamente en el sistema de gestión de configuración (CMS).
- Implementar los paquetes de liberación de la DML al ambiente de producción siguiendo un plan y calendario acordados.
- Asegurar que todos los paquetes de liberación puedan ser rastreados, instalados, probados, verificados y/o desinstalarse o removerse de ser necesario.
- Asegurar que los cambios de la organización e interesados son gestionados durante actividades de liberación e implementación.
- Asegurar que los servicios nuevos o modificados, con sus respectivos sistemas, tecnologías y organización son capaces de entregar la utilidad y garantía prometida.

Alcance

Incluye los procesos, sistemas y funciones para empacar, crear, probar e implementar una liberación al ambiente de producción. Establece las especificaciones del servicio en el paquete de diseño de servicio y formalmente entrega el servicio a las funciones de operación.

Validación y pruebas de servicio

Es el proceso responsable de la validar y probar un servicio de TI nuevo o modificado. Este proceso garantiza que el servicio de TI coincida con la especificación de diseño y satisfaga las necesidades del negocio.

Propósito

Asegurar que los servicios de TI, nuevos o modificados, cumplan con las especificaciones de su diseño y cumplan con las necesidades del cliente.

Objetivos

- Generar confianza de que la liberación de un servicio nuevo o modificado entregará los resultados esperados y asegurará el valor al negocio dentro de los costos, capacidades y restricciones proyectadas.
- Asegurar la calidad de la liberación, sus componentes, el servicio resultante y la capacidad del servicio entregado en la liberación.
- Ofrecer garantías de que el servicio es adecuado para el propósito
- Asegurar que el servicio es adecuado para el uso.
- Confirmar que los requerimientos hacia el servicio (nuevo o modificado) establecidos por clientes e interesados han sido definidos de manera correcta, eliminando además cualquier error o variación identificada durante las fases iniciales del ciclo de vida del servicio.
- Planificar e implementar un proceso estructurado de validación y pruebas que proporciona evidencia objetiva de que el servicio nuevo/modificado apoyará el negocio del cliente y necesidades de los interesados, incluidos los niveles de servicio acordados.
- Identificar, evaluar y abordar los problemas, errores y riesgos a través de la transición del servicio.

Alcance

- La validación y pruebas del servicio se pueden aplicar a lo largo del ciclo de vida para asegurar la calidad de cualquier aspecto del servicio y debe completar el servicio extremo a extremo.

Evaluación del cambio

Proceso genérico que considera si el desempeño es aceptable, genera valor, es adecuado y si se puede proceder a la implementación.

Propósito

Proporcionar medios consistentes y estandarizados para determinar el desempeño de un cambio de servicio.

Objetivos

- Determinar de forma correcta las expectativas de los interesados y brindar información a la gestión de cambios.
- Evaluar los efectos, tanto los intencionales como los no intencionales, de un cambio en el servicio de acuerdo a la capacidad, los recursos y las limitantes organizacionales.
- Proporcionar resultados del proceso de evaluación para que la gestión de cambios pueda tomar una decisión rápida y efectiva sobre la aceptación o no de un cambio.

Alcance

Incluye la evaluación formal del cambio y la autorización del mismo.

Actividades

- Planear evaluación.
- Evaluar rendimiento previsto.
- Evaluar rendimiento actual.
- Informar evaluación.

Gestión del conocimiento

Propósito

Asegurar que la información correcta sea entregada en el lugar apropiado o a la persona adecuada en el tiempo correcto para la toma de decisiones informadas.

Alcance

Es relevante para todas las fases del ciclo de vida del servicio.

Objetivos

- Mejorar la calidad del proceso de toma de decisiones, asegurando que se cuenta con conocimiento confiable y seguro.
- Permitir al proveedor de servicio ser más eficiente y mejorar la calidad del servicio, incrementando la satisfacción y reduciendo el costo del servicio.
- Asegurar que el personal tenga un entendimiento claro y común del

valor del servicio que proveen a los clientes y las formas en que se obtienen los beneficios al usar dichos servicios.

- Mantener un SKSM que provea acceso al conocimiento, información y datos apropiados para cada audiencia.
- Recopilar, analizar, almacenar, compartir, usar y mantener conocimiento, información y datos.

Actividades

- Establecer la estrategia de gestión del conocimiento. Incluye cómo identificar, capturar y mantener el conocimiento.
- Transferir el conocimiento, para resolver problemas y apoyar la planeación estratégica y el proceso de toma de decisiones.
- Gestionar datos, información y conocimiento, medir el uso, evaluar su utilidad e identificar mejoras.
- Usar el sistema de gestión de conocimiento del servicio.

Sistema de gestión del conocimiento del servicio (SKMS)

Es un conjunto de herramientas y bases de datos que se utiliza para gestionar el conocimiento, información y datos.

El sistema de gestión del conocimiento del servicio incluye el sistema de gestión de la configuración, así como otras bases de datos y sistemas de información.

- Ejemplos de elementos que deben ser contenidos en el SKMS:
- El portafolio de servicios
- El sistema de gestión de configuración (CMS)
- La biblioteca definitiva de medios (DML)
- Acuerdos de niveles de servicio (SLAs), contratos y acuerdos de nivel operativo (OLAs)
- La política de seguridad de la información

Gestión de cambios

Es el proceso responsable de controlar el ciclo de vida de todos los cambios, permitiendo que se realicen cambios que son beneficiosos, minimizando la interrupción de servicios de TI. Su propósito es Controlar el ciclo de vida de todos los cambios, permitiendo que se realicen cambios benéficos con la mínima interrupción de los servicios de TI.

Propósito

Controlar el ciclo de vida de todos los cambios, permitiendo que se realicen cambios benéficos con la mínima interrupción de los servicios de TI.

Objetivos

- Responder a las necesidades cambiantes de los clientes, maximizando el valor y reduciendo incidentes, interrupciones y re-trabajo.
- Responder a los requerimientos cambiantes de los clientes para alinear los servicios con las necesidades del negocio.
- Asegurar que los cambios son registrados, evaluados, autorizados, priorizados, planeados, probados, implementados, documentados y revisados de manera controlada.
- Asegurar que todos los cambios en los elementos de configuración se registren en el sistema de gestión de configuración.
- Optimizar el riesgo general de la empresa – es correcto minimizar los riesgos empresariales pero a veces es conveniente aceptar conscientemente un riesgo dado al beneficio potencial que pueda ofrecer.

Alcance

- Incluye cambios a todas las arquitecturas, sistemas, métodos, procesos, herramientas, métricas, documentación, así como cambios a servicios de TI y otros elementos de configuración.
- No es responsable de coordinar todos los procesos de gestión de servicios para asegurar la correcta ejecución de los proyectos. Esta actividad se lleva a cabo mediante la planificación de la transición y soporte.

Actividades

- Planear y controlas los cambios.
- Programas cambios y liberaciones.
- Comunicar los cambios.
- Tomas decisiones y autorización del cambio.
- Asegurar que existen planes de rectificación.
- Medición y control.
- Generar informes de la gestión.

- Entender el impacto del cambio.
- Mejora continua.

Actividades para gestionar cambios individuales

- Crear y registrar una solicitud de cambio.
- Revisar la solicitud de cambio.
- Valorar y evaluar el cambio.
- Autorizar el cambio, construir y probar.
- Coordinar cambio, construir y probar.
- Autorizar la implementación del cambio.
- Coordinar la implementación del cambio.
- Revisar y cerrar el registro del cambio.

8 OPERACIÓN DEL SERVICIO

La fase de operación del servicio es donde el valor se genera para los clientes y se aplica la estrategia de la organización. Por esta razón muchas organizaciones le dan preferencia a esta fase pero todas son igualmente importantes.

Propósito

- Coordinar y llevar a cabo las actividades y procesos requeridos para la entrega y gestión del servicio de TI para usuarios y clientes del negocio, bajo los acuerdos de niveles de servicio.
- Ser responsable de la administración del día a día de la tecnología utilizada para la entrega de servicios y su soporte.

Objetivos

- Mantener la satisfacción y confianza en TI a través de la entrega y soporte efectivos y eficientes de los servicios de TI acordados.
- Minimizar el impacto de interrupciones en las actividades diarias del negocio.
- Asegurar la entrega de servicios de TI solo a aquellos que están autorizados para recibirlos.

Valor para el negocio

- Reduce el trabajo no planificado y los costos para el negocio y TI.
- Reduce la duración y frecuencia de las interrupciones.
- Proporciona resultados operacionales y datos que pueden ser usados por otros procesos de ITIL para mejorar servicios continuamente.
- Alcanza las metas y objetivos de las políticas de seguridad de la organización.
- Proporciona un rápido y efectivo acceso a los servicios estándar.
- Proporciona una base para operaciones automatizadas.

Roles de la fase de operación del servicio

- Propietario del proceso.
- Practicante del proceso.

- Dueño y gerente del proceso.
  - Gestión de incidentes.
  - Gestión de problemas.
  - Cumplimiento de solicitudes.
  - Gestión de eventos.
  - Gestión de acceso.
- Analistas
  - De primera, segunda y tercera línea.
  - De problemas.
  - De cumplimiento de solicitudes.
- Personal
  - Service Desk.
  - Gestión técnica y de aplicaciones.
  - Gestión de operaciones de TI.
- Gerente del service desk.
- Supervisor del service desk.
- Analista del service desk.
- Super Usuario.
- Gerente/Líder de equipo técnico.
- Analista/Arquitecto técnico.
- Operador Técnico.
- Gerente de operaciones de TI.
- Líder de turno.
- Analista de operaciones de TI.
- Operador de TI.
- Gerente/Líder de equipo de gestión de aplicaciones.
- Analista/Arquitecto de aplicaciones.

Procesos de la operación del servicio

Gestión de eventos

<u>Propósito</u>

Gestionar eventos a través del ciclo de vida del servicio. Realizar actividades como detectar eventos, darles sentido y determinar las acciones de control adecuadas. Es la base para el monitoreo y control operacional.

Objetivos

- Detectar todos los cambios de estado significativos para la gestión de un elemento de configuración (EC) o servicio de TI.
- Determinar las acciones de control adecuadas para eventos y asegurar que sean comunicadas a las funciones adecuadas.
- Proporcionar el disparador, o punto de entrada, para la ejecución de muchos procesos de operación del servicio y actividades de gestión de operaciones.
- Proporcionar los medios para comparar el desempeño de operación real contra los estándares de diseño y acuerdo de niveles de servicio (SLA).
- Proporcionar una base para el aseguramiento del servicio, informes y mejora del servicio.

Alcance

- La gestión de eventos se puede aplicar a cualquier aspecto de la gestión del servicio que necesite ser controlada y que pueda ser automatizada.

Actividades del proceso

- Notificar evento.
- Detectar el evento.
- Registrar evento.
- Primer nivel de filtrado y correlación de evento.
- Establecer significancia del evento.
- Segundo nivel de correlación de evento.
- ¿Se requieren otras acciones?
- Seleccionar respuesta.
- Revisar acciones.
- Cerrar evento.

Cumplimiento de solicitudes

Propósito

Proceso responsable de la gestión del ciclo de vida de todas las solicitudes de servicio de los usuarios.

Objetivos

- Mantener la satisfacción de usuarios y clientes con eficiencia y manejo profesional de todas las solicitudes de servicio.
- Proporcionar un canal para recibir las solicitudes de usuarios y servicios estándares para los cuales existen aprobaciones predeterminadas y un proceso de calificación.
- Proporcionar información a clientes y usuarios relacionada con la disponibilidad de los servicios y los procedimientos para obtenerlos.
- Establecer un medio para la entrega y aprovisionamiento de componentes asociados con servicios estándares (por ejemplo licencias, equipo básico).
- Asistir con información general y atender quejas y comentarios.

Alcance

- El proceso que se requiere cumplir por la solicitud podrá variar dependiendo de lo que se está solicitando exactamente.

Actividades del proceso

- Recibir solicitud.
- Registrar y validar solicitud.
- Clasificar solicitud.
- Priorizar solicitud.
- Autorizar solicitud.
- Revisar solicitud.
- Ejecutar modelos de solicitud.
- Cerrar solicitud.

Gestión de acceso

Es el proceso responsable de permitir que los usuarios hagan uso de los servicios de TI, datos u otros activos.

Propósito

Proporcionar el privilegio a los usuarios adecuados para el uso de un servicio o grupo de servicios.

Objetivos

- Gestionar accesos a los servicios basado en políticas y acciones definidas en la gestión de seguridad de la información.
- Responder eficientemente a las solicitudes de acceso a los servicios, de cambios de derechos de acceso o de restricción de accesos.
- Supervisar el acceso a servicios y asegurar que los privilegios proporcionados no se están usando inadecuadamente.

Alcance

Es la ejecución de las políticas establecidas en la gestión de seguridad de la información. Asegura que los usuarios tengan el derecho a usar un servicio pero no se asegura que el acceso se encuentre disponible en los tiempos establecidos, dicha actividad se provee en la gestión de la disponibilidad.

Actividades

- Solicitar acceso.
- Verificar.
- Proporcionar privilegios.
- Verificar y monitorear el estado de identidad.
- Registrar y dar seguimiento de acceso.
- Eliminar o restringir privilegios.

Gestión de incidentes

Es el proceso responsable de la gestión del ciclo de vida de todos los incidentes. La gestión de incidente asegura que se restablezca la operación normal de servicio lo antes posible y se minimice el impacto al negocio.

Propósito

Restablecer la operación normal del servicio lo más pronto posible y minimizar el impacto adverso a las operaciones del negocio, asegurando se mantenga el nivel de calidad del servicio acordado.

Objetivos

- Asegurar que los métodos y procedimientos estandarizados sean usados para responder, analizar, documentar, informar y gestionar continuamente los incidentes, de una manera pronta y eficiente.

- Incrementar la visibilidad y comunicación de incidentes para el negocio y personal de soporte de TI.
- Mejorar la percepción del negocio de TI mediante un enfoque profesional en soluciones rápidas y una comunicación de incidentes cuando ocurran.
- Alinear las actividades de gestión de incidente y las prioridades con las del negocio.
- Mantener la satisfacción del usuario con la calidad de servicios de TI.

Alcance

Incluye todo evento que interrumpa o que podría interrumpir un servicio. Esto incluye eventos comunicados directamente por usuarios, ya sea a través del service desk o de una conexión de gestión de eventos con las herramientas de gestión de incidente.

Actividades del proceso

- Identificar incidente
- Registrar incidente
- Clasificar incidente
- Priorizar incidente
- Diagnóstico inicial
- Escalar incidente
- Investigar y diagnosticar
- Resolver y recuperar
- Cerrar incidente

Gestión de problemas

Es el proceso responsable de la gestión del ciclo de vida de todos los problemas. La gestión de problemas previene proactivamente la ocurrencia de incidentes y minimiza el impacto de los incidentes que no se pueden prevenir.

Propósito

Gestionar el ciclo de vida de los problemas desde su primera identificación hasta su investigación, documentación y eliminación.

Objetivos

- Responsable de la administración del ciclo de vida de todos los problemas.
- Prevenir la ocurrencia de problemas e incidentes, eliminar incidentes recurrentes y minimizar el impacto de los incidentes que no pueden ser prevenidos.

Alcance

- Incluye todas las actividades requeridas para diagnosticar la causa raíz de los incidentes y para determinar la solución a posibles problemas.

Actividades del proceso

- Detectar problema.
- Registrar problema.
- Clasificar problema.
- Priorizar problema.
- Investigar y diagnosticar problema.
- Encontrar solución temporal.
- Registrar error conocido.
- Resolver problema.
- Cerrar problema.
- Revisar problema mayor.

Funciones de la operación del servicio

- Service Desk.
- Gestión Técnica.
- Gestión de aplicaciones.
- Gestión de operaciones de TI.
    - o Control de operaciones de TI.
    - o Gestión de instalaciones.

9 MEJORA CONTINUA DEL SERVICIO

La Mejora Continua del Servicio, proviene del mismo concepto que la mejora continua aplicada a cualquier otro sistema de gestión. Algunas de sus características son:

Proporciona guías sobre cómo realizar mejoras incrementales y a gran escala en la calidad de los servicios, en la eficiencia operacional y en la continuidad del negocio.

• Crea y mantiene valor a través de mejoras en cada una de las fases del ciclo de vida.

• Asociar esfuerzos y resultados con la estrategia, diseño, transición y operación del servicio, en un bucle continuo.

• Basado en el famosísimo ciclo PDCA o Circulo de Deming.

PDCA (Circulo de Deming)

Consiste en planear, hacer, verificar y actuar e ir repitiendo para mejorar la calidad.

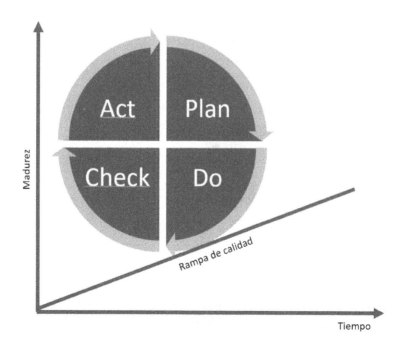

Modelo CSI (Continual Service Improvement)

Enfoque basado en procesos

El enfoque basado en procesos es la mejor y más comúnmente utilizada manera de conocer nuestra forma de trabajar para medir, y por tanto, mejorar.

Métricas

El objetivo de las métricas, como se ha comentado previamente en los temas desarrollados en el manual, es controlar, medir y analizar los objetivos (en este caso del Servicio) para posteriormente poder comprobar si están siendo alcanzados. Algunos ejemplos serian:

- Comparar resultados obtenidos respecto de los objetivos de servicio definido.
- Medir la satisfacción del cliente.
- Medir la utilización de servicios.
- Verificar y estudiar tendencias.
- Analizar las no conformidades.

ITIL® diferencia tres tipos de métricas:

- Métricas tecnológicas: Métricas de componentes y aplicaciones.
- Métricas de procesos: Métricas capturadas como CSF (Critical Success Factors) y KPI (Key Performance Indicators).
- Métricas de servicios: Métricas que miden el resultado de extremo a extremo.

Modelo de mejora de los 7 pasos

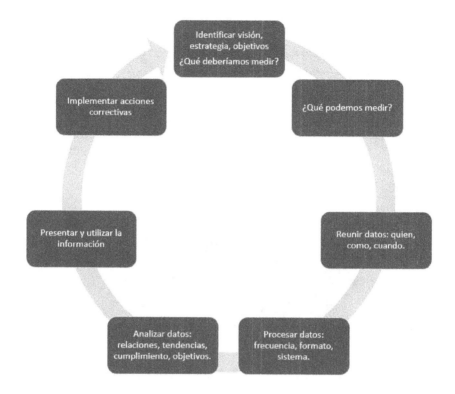

Gobierno TI

Definir a quien le vamos a dar el poder de decidir lo que la empresa haga.

Tipos de gobierno:

Enterprise Governance: desde el enfoque más global asegura que la empresa está alineada a los objetivos estratégicos y que existe una buena gestión.

Corporate Governance: fomenta la justicia corporativa, la transparencia y la Responsabilidad.

IT Governance: Implica que se establezcan una serie de políticas, directivas y planes... (dirigir)... para después comprobar que se están cumpliendo y ejecutando correctamente (controlar).

10 CONCLUSIONES

La certificación ITIL® Foundations es la entrada a la gestión de servicios de TI y como dijimos al principio de este libro es cada vez más común en las organizaciones. Esto hace que las personas que cuentan con esta certificación logren entrar a estas empresas al ya conocer esta buena practica que es aceptada mundialmente.

Con este conocimiento esta cada vez mas cerca de aprobar la certificación, y para ayudarle en este propósito le regalamos un cupón de descuento para el curso en línea que tiene el autor de este tema.

https://www.udemy.com/itil-foundations-v3-2011-logra-la-certificacion-itil/?couponCode=EBOOK999

Este curso cuyo precio base es de 100 USD lo puede adquirir por solo 9,99 USD para afianzar este conocimiento, adicional a esto incluye 2 simuladores realistas del examen y muchos estudiantes han logrado pasar el examen con el conocimiento de este curso.

El avanzar en su futuro profesional esta en sus manos y esperamos que este contenido le ayude en este propósito.

ACERCA DEL AUTOR

Ingeniero de sistemas egresado de la Universidad Central en Bogotá, Colombia. Experto en seguridad informática apasionado por la tecnología y los viajes. Mas de 10 años de experiencia en redes, prevención de fraude electrónico y seguridad informática.

Instructor en línea de Udemy, certificado en ITIL® con mas de 900 estudiantes activos en sus cursos.

Colabora de manera frecuente investigando nuevas tendencias de fraude electrónico en Blogs, Noticias y Entrevistas.